WITHDRAWN
No longer the property of the
Boston Public Library.
Sale of this material benefits the Library

Wallace D. Wattles

3 en 1

Una vida con propósito
La ley de la atracción
La ley de la opulencia

editorial Sirio, s.a.

Si este libro le ha interesado y desea que lo mantengamos informado de nuestras publicaciones, escríbanos indicándonos cuáles son los temas de su interés (Astrología, Autoayuda, Esoterismo, Qigong, Naturismo, Espiritualidad, Terapias Energéticas, Psicología práctica, Tradición...) y gustosamente lo complaceremos.

Puede contactar con nosotros en
comunicación@editorialsirio.com

Título original: THE WISDOM OF WALLACE D. WATTLES II
Traducido del inglés por Editorial Sirio
Diseño de portada: Editorial Sirio, S.A.

© de la presente edición

EDITORIAL SIRIO, S.A.
C/ Panaderos, 14
29005-Málaga
España

EDITORIAL SIRIO
Nirvana Libros S.A. de C.V.
Camino a Minas, 501
Bodega nº 8,
Col. Lomas de Becerra
Del.: Alvaro Obregón
México D.F., 01280

ED. SIRIO ARGENTINA
C/ Paracas 59
1275- Capital Federal
Buenos Aires
(Argentina)

www.editorialsirio.com
E-Mail: sirio@editorialsirio.com

I.S.B.N.: 978-84-7808-747-1
Depósito Legal: MA-1.843-2010

Impreso en Imagraf

Printed in Spain

Cualquier forma de reproducción, distribución, comunicación pública o transformación de esta obra sólo puede ser realizada con la autorización de sus titulares, salvo excepción prevista por la ley. Diríjase a CEDRO (Centro Español de Derechos Reprográficos, www.cedro.org) si necesita fotocopiar o escanear algún fragmento de esta obra.

Una vida con propósito

Riqueza para todos

Nuestro Padre ha dispuesto las materias primas para todo cuanto es necesario a la vida, de hecho ha dispuesto mil veces más de lo necesario. La carrera, vista en su conjunto, es rica. Inmensamente rica. Sólo los individuos que participan en la carrera son pobres. Mira los pájaros, su inteligencia es una mínima parte de la nuestra. No saben sembrar ni cultivar, ni se aprovisionan para el futuro, sin embargo no pasan hambre. Tan sólo en el hombre hallamos el miedo y la ansiedad.

La satisfacción de las necesidades humanas es un problema de mecánica y de organización. La parte mecánica es perfecta, luego lo que nos falta es organización.

Los pájaros no conocen la ansiedad. Viven en el mundo del Padre. Todos tienen acceso al Suministro. No tienen un mercado de gusanos y ningún pájaro espabilado ha intentado crear y controlar dicho mercado. Cuando los pájaros, en lugar de tomar libremente del Gran Suministro, comienzan a competir entre ellos por una pequeña porción del mismo, entonces aparece la ansiedad. Sin un acceso libre al Gran Suministro, no puede existir el reino del Padre.

Igualdad y democracia

Cuando el suministro es superabundante y todos tienen libre acceso a él ¿puede alguien experimentar carencia? El problema es que no nos centramos en la Abundancia, sino en "la olla con monedas de oro". Es como si, existiendo una enorme montaña de oro a la cual todos tenemos libre acceso a fin de obtener la riqueza que deseemos, en el camino hacia ella nos encontrásemos algunas pequeñas pepitas de oro arrastradas por la lluvia y entonces nos pusiéramos a pelear violentamente unos con otros por la posesión de dichas pepitas, sin tener en cuenta a la enorme montaña de oro que nos espera un poco más allá.

Ama a tu prójimo

Imagínate que es la hora de la comida y mi esposa y yo estamos sentados a la mesa. Lamentablemente tan sólo disponemos de un pequeño pedazo de pan seco y una porción de pastel. Imagínate que egoístamente tomo el pastel y mientras me lo como, digo: "Querida, te aseguro que te amo con todo mi ser y me gustaría mucho que tú también pudieras comerte un trozo de pastel como este". ¿Crees que amo a mi esposa como a mí mismo?

Si la amase como a mí mismo desearía que el pastel fuera para ella tanto como para mí y me esforzaría en conseguir un pastel para ella tanto como en conseguirlo para mí mismo.

Si te amo como a mí mismo, todo lo que intento obtener para mí mismo trataré de obtenerlo también para ti, y todo aquello que me esfuerzo en obtener para mis hijos trataré de que sea también para tus hijos, y cuando tú o los tuyos sufráis una injusticia, la sentiré y la sufriré como si hubiera sido infligida a mí o a los míos.

Y cuando todos deseemos para los demás lo mismo que deseamos para nosotros mismos, no podremos sino dejar de competir por una parte y en lugar de ello nos dirigiremos hacia la abundancia del Gran Todo, que es el Reino de Dios.

¿Por qué fracasa el comunismo?

Si dedicamos un momento a considerar por qué el experimento comunista fracasó, veremos que la respuesta es fácil. El comunismo siempre ha fracasado y siempre fracasará, pues interfiere con el Gran Propósito, que es el desarrollo total del alma individual. El comunismo elimina al individuo, fundiéndolo en la masa y le roba toda iniciativa. Queriendo evitar que unos individuos se aprovechen y dominen a otros, les roba a todos el dominio sobre sí mismos. Destruye la individualidad, ya que el individuo puede sólo desarrollarse con el libre uso de los instrumentos que su individualidad es capaz de utilizar para bien. Por su parte, el capitalismo roba a la mayoría de los individuos la oportunidad de utilizar los instrumentos necesarios para su desarrollo individual. El comunismo roba esta oportunidad a todos los individuos. En este sentido, ambos, son lo opuesto del socialismo cristiano.

El Socialismo cristiano

Este socialismo incrementaría enormemente la propiedad privada. Su doctrina principal es que el individuo debe poseer todo aquello que necesite y que pueda usar para bien. Este derecho a la propiedad privada está tan sólo limitado por todo aquello que la persona no puede utilizar sin perjudicar o explotar a otros.

En este tipo de socialismo la persona puede adquirir y poseer todo aquello que pueda utilizar para su propio desarrollo, sin embargo no le está permitido poseer nada que le sirva para aprovecharse o dominar a otros hombres.

Con este sistema los millones de familias que carecen de todo podrían adquirir casas confortables con hermosos jardines y terreno suficiente para cultivar sus propios alimentos; podrían poseer caballos y coches, libros, instrumentos musicales, cuadros y objetos artísticos, es decir, todo lo que la persona pueda necesitar para su propio desarrollo.

Sin embargo, las carreteras y autopistas, las vías férreas, los recursos naturales y las grandes industrias pertenecerían y serían administradas por la sociedad para que todos que lo desearan pudieran adquirir sus productos en términos de igualdad.

El socialismo, debidamente entendido, nos ofrece la posibilidad de potenciar al individuo, mientras que el comunismo lo sumerge en la masa.

La Conciencia Cósmica es la fuente de todo poder

Dios es el Espíritu Universal, actuando en todos, a través de todos y para todos. Es el Espíritu que hace brillar al sol y que causa la lluvia. Es el Poder que subyace en toda la naturaleza. Es la única Vida y la única Inteligencia. Todo ser humano es como Dios, pues el Espíritu de Dios habita en el hombre.

Ser consciente del Espíritu es acercarse a Dios. La Conciencia Cósmica es la unificación de mi conciencia con la conciencia del Espíritu. Este es el origen de todo poder.

Relación del ser humano con Dios

Del Espíritu viene todo el poder que existe, toda la vida que existe y toda la inteligencia que existe. Este Espíritu tiene hijos, los cuales son de la misma sustancia que Él mismo y poseen el poder de pensar independientemente y de separar su conciencia de la de Él.

Y este poder de pensar independientemente implica la posibilidad de pensar erróneamente. Si el ser humano separa su conciencia de Dios, sin duda caerá en el error, pues él tan solo puede apreciar una porción infinitesimal de la Verdad.

La vida del hombre, su poder y su sabiduría, disminuyen en proporción exacta a la separación entre su conciencia y la conciencia de Dios.

Seguidamente vamos a ver el método para lograr la Conciencia Cósmica.

Para lograr la Conciencia Cósmica

La Conciencia Cósmica o unidad consciente con el Espíritu Eterno, tan sólo puede lograrse a través de un esfuerzo continuo y sostenido por parte del ser humano. La ampliación de la conciencia exige siempre un esfuerzo mental, y este esfuerzo, cuando lo que busca es unirse con el Espíritu, es lo que llamamos oración.

La oración es un esfuerzo de la mente humana por conocer a Dios. No es un esfuerzo por establecer una relación que no existía previamente, sino por comprender y reconocer esta relación ya existente.

La oración tan sólo puede tener un objeto, es decir, la unidad con el Espíritu, pues todo lo demás está ya incluido en esto. A través de la oración no buscamos realmente salud, paz, poder o riqueza, lo que buscamos es la *unión con Dios*. Cuando logramos esta unión con Dios, la salud, la paz, el poder y la riqueza nos llegan sin pedirlos. Quien tenga conciencia espiritual, sin duda poseerá salud, paz, poder y riqueza.

La unidad a través de la oración y la voluntad

Aparentemente pensamos, vivimos, nos movemos y tenemos nuestro ser tan solo en nosotros mismos. Nuestros sentidos físicos niegan la existencia de Dios. A Dios no se le halla extendiendo o ampliando la conciencia externa u objetiva.

Para lograr la Conciencia Cósmica el primer esfuerzo de la oración debe ser estimular la actividad del Espíritu en el ser humano y la segunda unir conscientemente ese espíritu con Dios.

El espíritu humano es estimulado por la acción de la voluntad.

Sólo el propio hombre puede ejercer la voluntad. El primer requerimiento para lograr la conciencia cósmica es querer unir nuestra voluntad con la voluntad de Dios.

Querer hacer la voluntad del Padre, seguir sus palabras y realizar sus obras es el primer paso hacia la unidad. El segundo paso es la oración de la fe.

La oración de la fe no puede ser ofrecida dos veces con un mismo motivo. Una vez emitida, si tienes verdadera fe, tu oración se convierte en una afirmación de posesión. Una vez has decidido realizar la voluntad de Dios, tras haberLe pedido que te reciba en Sí Mismo, no puedes hacer sino declarar: "El Padre y yo somos Uno". La oración de la fe se convierte en una afirmación de posesión. No puedes seguir orando por algo que crees haber recibido. Todo lo que puedes hacer es dar las gracias y afirmar que ya es tuyo.

El proceso de recibir

Lo primero es querer realizar la voluntad de Dios, y luego orar para llegar a ser Uno con Él. Después afirmar: "Mi Padre y yo somos Uno". Y una vez establecida definitivamente en tu conciencia tu unidad con el Espíritu, de este hecho deducirás salud, paz, poder y riqueza, y lo afirmarás, de lo contrario tal vez no se lleguen a manifestar, pues aunque estas circunstancias están todas incluidas en el hecho de tu unidad con Dios, la simple afirmación de ello tal vez no cree todas sus manifestaciones en tu conciencia.

Es decir, la afirmación general de nuestra unidad con Dios no es suficiente para traernos salud, paz, poder y riqueza, pues no siempre entendemos que estos atributos están incluidos, por ello es mejor afirmarlos. Pero definitivamente, lo esencial es que debemos ser muy claros y concretos en la comprensión de nuestra unidad con Dios.

"Hay sólo una Inteligencia, y yo soy uno con esa Inteligencia", es una afirmación válida, pero puede mejorarse.

"Hay sólo una Mente, y yo soy esa mente", es mucho más clara y concisa.

"Hay UNA MENTE". Al decir esto piensa en la Inteligencia única impregnando, vitalizando y dando coherencia y propósito a todo cuanto existe. Fija tu pensamiento en esa Mente de forma que parezca que puedes verla y sentirla. Luego di: "YO SOY ESA MENTE".

Cuando yo hablo, es esa Mente la que habla. Cuando actúo, es esa Mente quien actúa.

YO-SOY-ESA-MENTE.

Para fijar este hecho en la conciencia es necesario afirmarlo y reafirmarlo una vez y otra, pero todo el tiempo que dediques a este trabajo será el mejor utilizado de tu vida. Vale la pena que te vayas al desierto y medites y ayunes durante cuarenta días. Vale la pena que pases las noches enteras orando, si haciendo todo esto consigues tener conciencia de tu unidad con Dios. Entonces habrás entrado en el Reino.

"Existe sólo una MENTE y yo soy esa MENTE". Dilo una vez y otra, continuamente, y cada vez que lo repitas, trata de captar su significado. Tú, tú que hablas, eres la mente eterna, el poder eterno y la vida eterna.

Todo cuanto existe es tuyo, y en ti todo es posible una vez hayas borrado la falsa idea de tu separación de la Conciencia. Tu palabra tendrá poder y hablarás como alguien que tiene autoridad. Manifestarás salud, poder, riqueza y sabiduría.

Todo esto lo puedes manifestar. Sólo se necesita fe y afirmación, al tiempo que querer realizar la voluntad de Dios.

Logro y manifestación

Una vez has afirmado y reafirmado tu unidad con la Mente Única, hasta lograr que este hecho esté siempre presente en tu conciencia, el siguiente paso es ser consciente de la Vida.

Entender que la mente es una mente viva; que es la vida misma.

Si tú eres la Mente, eres también la Vida. Tan sólo hay una Vida, la cual está en todo y en todos, y esa Vida eres tú.

Así, a tu primera afirmación debe seguir esta: "Esa MENTE es eterna, y esa MENTE es VIDA. Yo soy esa MENTE y yo soy la VIDA ETERNA".

Deberás repetir esto hasta que se haya grabado en tu mente, tanto en tu mente consciente como en tu mente subconsciente, repetirlo hasta el punto en que al pensar en ti mismo te veas como Vida, como Vida eterna. Si normalmente piensas en ti como un ser perecedero o como alguien que camina hacia la vejez y hacia la decadencia, estás en un error, un error nacido de la conciencia separada. Ante cada insinuación de envejecimiento, decadencia o muerte, utiliza esta afirmación positiva: "Yo soy la VIDA ETERNA".

Conciencia de la salud

Una vez lograda la conciencia de la Vida, conseguir la conciencia de la Salud es muy fácil. La mente única es la materia viva de la cual tú estás hecho, y esa mente única es Vida pura. La vida debe ser salud. Es inconcebible que la vida pura pueda incluir algo que no sea salud. De una fuente no puede manar dulzura y amargura al mismo tiempo. Un buen árbol no da frutos corruptos. La luz no confraterniza con la oscuridad.

La mente única no puede conocer la enfermedad, no puede tener conciencia de la enfermedad.

La conciencia de la enfermedad es un error, es el resultado de juzgar en base a las apariencias. Y tan sólo juzgamos por las apariencias mientras mantenemos una conciencia separada. No podemos ser conscientes de la vida y conscientes de la enfermedad al mismo tiempo. Cuando somos totalmente conscientes de la vida, perdemos la conciencia de la enfermedad.

Así, la siguiente afirmación es: "Esta mente desconoce la enfermedad. Yo soy esa mente y yo soy la SALUD". Afirma esto con fe y te curará cualquier enfermedad, siempre que esta afirmación se haga desde la conciencia de que el Padre y tú sois Uno.

Conciencia del poder

Después viene la conciencia del poder y la afirmación que le corresponde es: "Esa mente es el origen de todo PODER, y no puede conocer dudas ni miedos. Yo soy esa mente y yo soy PAZ y PODER".

Para demostrar que el origen de todo poder no puede tener miedo ni temor a nada ni a nadie, no se necesita argumento alguno. ¿De qué podría sentir miedo? Igualmente, el origen de todo poder no puede tener dudas acerca de su capacidad de realizar cualquier cosa o de afrontar cualquier posible combinación de circunstancias. ¿Qué puede existir que ese poder no pueda llevar a cabo?

Sólo cuando te concibes a ti mismo como separado de ese poder comienzas a tener dudas acerca de tu capacidad para realizar cualquier cosa. Sólo manteniéndote en esta conciencia de separación puedes experimentar miedo.

La conciencia de poder te da equilibrio, un equilibrio que es el resultado de afirmar tu unidad con el poder hasta que esto sea un hecho siempre presente en tu consciencia.

Si te consideras a ti mismo como algo separado del poder no podrás evitar el miedo y los temores. Resumiendo, esfuérzate por comprender y afirmar siempre que puedas que eres Uno con el Poder.

Conciencia de la sabiduría

Lo que sigue es la conciencia de la sabiduría. El poder sin sabiduría puede llegar a ser algo destructivo, como un caballo desbocado. El poder es constructivo sólo cuando se aplica sabiamente. Por ello, debemos afirmar el hecho de nuestra sabiduría. La mente única, siendo el origen de todo cuanto existe, debe saber todo desde el principio, debe saber la verdad total. La mente que conoce la verdad total no puede engañarse. Los errores son causados por un conocimiento parcial de la verdad. La mente única no puede conocer error. Conociendo la verdad total, tan sólo puede actuar de acuerdo con ella, y sólo podrá mantener en la conciencia la idea de la verdad perfecta y total.

Conociendo sólo el bien, no puede distinguir el bien del mal. Para reconocer algo como malo, una mente debe poseer tan sólo un conocimiento parcial y una conciencia limitada. Lo que parece malo es siempre el resultado de un conocimiento incompleto. Cuando el conocimiento es perfecto, no existe el mal y no es posible ser consciente de lo que no existe.

Cuando somos conscientes de la verdad Total, perdemos la conciencia del mal.

En la conciencia Total, el juicio es imposible, pues no hay nada que juzgar. Conociendo el verdadero camino no es necesario ejercer juicio alguno. Al no existir el mal no es posible juzgar a nadie.

Cuando el mal y el error son inexistentes no puede existir el juicio. Para vencer el error de creer en el mal utiliza esta afirmación: "Esta mente conoce tan sólo la VERDAD, y conoce la verdad TOTAL; yo soy esta mente, y yo soy CONOCIMIENTO y SABIDURÍA".

Conciencia de la riqueza

Habiendo logrado la conciencia de la vida eterna, de la salud, el poder y la sabiduría, ¿qué más podemos necesitar? Pues necesitamos la conciencia de la riqueza, la seguridad de la abundancia.

La Mente única es la sustancia original de la cual procede todo cuanto existe. Tan sólo existe un elemento y todas las cosas están formadas de un solo material. La ciencia está empezando a precipitar diferentes sustancias partiendo de lo que, en cierto sentido, se podría considerar como una ausencia de materia. Los elementos que componen toda la naturaleza visible están en el ambiente, esperando ser organizados, esperando que se les dé forma. Y esto que llamamos ambiente es sólo una forma condensada y palpable de la sustancia original: el Espíritu, Dios.

Todo cuanto existe está hecho de una sustancia viva e inteligente. Todo procede de una Mente, y tú eres esa Mente. Por lo tanto, tú eres la sustancia de la cual están hechas todas las cosas, y tú eres también el Poder que origina todas las formas. Tú eres la riqueza y la abundancia, pues eres todo cuanto existe.

Así, afirma: "Todas las cosas, creadas y no creadas, están en esa Mente. Yo soy esa Mente, y yo soy RIQUEZA y ABUNDANCIA".

Yo soy el Camino, la Verdad y la Vida

Finalmente, di: "Yo soy el CAMINO, la VERDAD y la VIDA. La luz que está en mí ilumina y bendice al mundo".

Esto te llevará a la conciencia del amor: el deseo de bendecir y amar. Cuando logres la Conciencia Cósmica, serás consciente de la vida eterna, la salud, el poder y la paz, la sabiduría, la riqueza y el amor.

Afirmaciones del Ser

Existe sólo una Mente y YO SOY esa Mente.

Esa Mente es eterna, y esa Mente es la vida.

Yo soy esa Mente, y soy la VIDA ETERNA. Esa Mente no conoce la enfermedad. Yo soy esa Mente, y soy la SALUD. Esa Mente es el origen de todo Poder, y no puede conocer ni las dudas ni el miedo. Yo soy esa Mente. Yo soy el PODER y la PAZ.

Esa Mente conoce sólo la Verdad y conoce la Verdad TOTAL. Yo soy esa Mente, y yo soy el conocimiento y la sabiduría. Todas las cosas creadas y no creadas están en esa Mente. Yo soy esa Mente y soy la RIQUEZA y la ABUNDANCIA.

Yo soy el CAMINO y la VERDAD y la VIDA. La LUZ que hay en mí ilumina y bendice al mundo.

Nuestro Padre, nuestro Rey

En una determinada ciudad, un día un niño saltó para atrapar una pelota en el aire y para su gran sorpresa, al igual que la de aquellos que por allí pasaban, no volvió a caer, sino que siguió subiendo y subiendo hasta que su vista se perdió más allá de las nubes. Ese mismo día, en la misma ciudad, otro niño saltó desde un muro, flotando seguidamente como una pluma hasta poner sus pies suavemente sobre el suelo. Sin embargo, al día siguiente, tratando de realizar el mismo experimento, se estrelló contra las duras piedras del pavimento. En aquella ciudad, la ley de la gravedad cambiaba de un día a otro. Un día determinado, una persona podía pesar una tonelada, y al siguiente tan sólo unos gramos, y esta variación ocurría con todas las demás leyes de la naturaleza. Un día, al arrojar agua sobre un objeto, éste se incendiaba; al día siguiente era la propia agua la que ardía, como si fuera gasolina. Tampoco las leyes químicas eran constantes. Con los mismos materiales era imposible lograr un resultado idéntico al del día anterior. ¡Qué ciudad más extraña! ¿No crees? ¿Te gustaría vivir en ella?

Por supuesto, todos sabemos que esto no puede ser verdad. Sabemos que las leyes de la materia, el movimiento, la energía y la vida son fijas e inmutables. Que son las mismas en todo el mundo, en todo el universo. Por algo se llama *uni*-verso. Este universo no es un campo de batalla donde se pelean multitud de fuerzas y de leyes, sino la consecuencia armónica de una fuerza y una ley. Ni los teólogos ni los físicos han aceptado este hecho totalmente. El día que lo hagan será un gran día. Los predicadores insisten en que estamos en un *duo*-verso, en el que el mal es igual de poderoso o casi que Dios. Los médicos creen que la enfermedad es una entidad real, un mal real que tiene poder en sí mismo.

El mal no existe. Estamos en el mundo de Dios. El mal no puede hacer que el sol salga o se esconda. No puede hacer que la hierba deje de crecer ni que los pájaros se mueran de hambre. El mal tiene el mismo poder que un espantapájaros, en realidad es incapaz de mantener a los pájaros alejados del sembrado.

Hay una sola Ley y una sola Fuerza en todo el universo, y lo que te pido ahora es que centres tu mente, por un momento, en esa Ley y esa Fuerza. Quiero que pienses antes que nada en nuestro sistema solar, en este grupo de planetas que giran alrededor de nuestro sol. Como sabes, cada uno de ellos actúa sobre los demás, con una fuerza de atracción, y tenemos evidencia de que esa fuerza es muy poderosa. La tracción de la luna, por ejemplo, es enorme, como lo demuestra el movimiento de las mareas. Todos los demás planetas nos influyen también, cada uno a su manera, con diversos grados de poder. Imagina que tres o cuatro de ellos coinciden en la misma dirección y todos ejercen su influencia sobre nosotros a la misma vez. ¿Sabes qué ocurriría? La tierra se saldría de su órbita y los otros planetas también saldrían de sus órbitas, y chocarían unos contra otros en un tremendo desastre. ¿Por qué crees que no ha ocurrido esto ya? ¿Por qué crees que cuando se ejerce una atracción sobre nosotros desde un lado siempre existe una fuerza similar desde el lado contrario? ¿Quién se ocupa de que esto ocurra así y de que este equilibrio se mantenga de forma constante?

Ten en cuenta que el sol también está en movimiento y que nuestro sistema planetario, con todos los demás soles y estrellas y sistemas, está girando en un ciclo de magnitud incomprensible para nosotros. La totalidad del universo está girando sobre un centro y cada cuerpo celeste ejerce una fuerza sobre los demás. Unos son más grandes y otros más pequeños, algunos giran en círculos enormes y otros en círculos menores. Como ves, esta combinación de fuerzas ejercidas entre ellos cambia continuamente, sin embargo el equilibrio se mantiene con una exactitud total, pues de lo contrario los cuerpos celestes se estrellarían unos contra otros, sol contra sol, y estrella contra estrella, y todo terminaría en el caos. ¿Quién crees que regula todo esto? ¿Quién pone el mundo adecuado en el lugar adecuado en el momento adecuado? ¿Es una ley?

Al estudiar el universo llegamos a una conclusión, y es que las fuerzas que en él actúan lo hacen con un sentido de dirección, es decir, llevando el cuerpo celeste adecuado al lugar adecuado en el momento adecuado. ¿Crees que sin inteligencia podría existir esa dirección? No. No podemos concebir que una fuerza ciega y sin inteligencia lleve a cabo todas esas interminables combinaciones de planetas y sistemas. Está claro que en este universo hay una mente. Esa mente es Dios.

Si admitimos que esa inteligencia tiene poder para controlar los movimientos de los cuerpos celestes, deberemos también admitir que pueda poseer otros poderes, pues las diferentes fuerzas no son sino diversos aspectos de la manifestación de la fuerza Única. La dirección que vemos en el movimiento de los átomos y la asombrosa fuerza de la tormenta son lo mismo que apreciamos en el movimiento de las estrellas.

Dirección

Es imposible concebir que la Inteligencia y Poder infinito permita ser dirigido hacia el error, o que realice algo que no esté en armonía con sus propios propósitos. Es evidente que si en el universo se hace manifiesta una dirección inteligente, debe existir un propósito y una voluntad subyacente. Por otra parte, comprenderemos que el ser Omnipotente no puede ser extraviado por una mente finita ni forzado a tomar un camino contrario a su propia voluntad. De todo esto podemos deducir que el hombre puede dirigir al poder infinito con tal que sus propósitos estén de acuerdo con la Inteligencia Divina. Y podemos añadir más: el hombre puede beneficiarse de la inteligencia infinita siempre que su propósito esté de acuerdo con la Voluntad Divina.

La educación más valiosa y tal vez la única que tenga un valor real, es la que desarrolla al alma humana haciéndola capaz de percibir la verdad. Los grandes hombres y mujeres de la historia no fueron aquellos que más libros estudiaron. Las obras más sublimes son las realizadas por aquellos que saben sin que ningún ser humano les haya enseñado. Y lo más difícil de creer: este conocimiento puede incluir no sólo sabiduría abstracta, sino también información muy concreta, hechos históricos, científicos o de cualquier índole que la persona necesite conocer.

Sobre esto quiero ser explícito y contundente. Supongamos que lo que tú deseas es el éxito en los negocios. Antes que nada, ¿crees que tu mente actual es la adecuada para que tu éxito valga realmente la pena? ¿A quién beneficiará realmente tu éxito, a ti, a Dios, a tus semejantes? ¿Deseas el éxito porque éste será una ayuda en tu camino hacia el propósito divino? Si no es así, no pierdas el tiempo esperando algo de Dios. Espera más bien del mal, pues aunque no existe un mal infinito, sí hay muchos finitos, y sin dificultad encontrarás alguno que te ayude a lograr un éxito que pronto verás equivale al peor de los fracasos.

Ahora, si estás seguro de que tu voluntad es hacer que tu éxito sea realmente valioso, tienes derecho a beneficiarte del Conocimiento. Pero no debes esperar milagros. No esperes que Dios haga el trabajo por ti. Tendrás que hacerlo tú mismo. No esperes ser "guiado" o "inspirado" a hacer algo. En realidad, lo único que necesitas es *saber*. Poco importa qué sea lo que quieres saber. Tal vez seas hombre de negocios y desees saber si es apropiado hacer cierta inversión. Quizás seas granjero y quieras saber qué debes sembrar en tu campo. O médico, y desees saber el diagnóstico correcto en un caso determinado. También puedes ser escritor y quieras saber si cierto relato acerca de Napoleón es verdadero o si más bien debes considerarlo como algo inventado. Quizás desees saber si determinado hecho de la naturaleza es realmente un hecho. No importa qué es lo que quieras saber, siempre que dicho conocimiento sea esencial para ti y para que tú y tu trabajo seáis algo digno de salir adelante. En cuanto a tu trabajo, por pequeño que éste sea, si está en línea con el Propósito Eterno, es algo que vale la pena. Los que realmente quieran, sabrán. El Espíritu te guiará hacia la verdad.

Lo siguiente que debemos considerar son los métodos: qué debes hacer para hallar aquello que deseas conocer. Lo primero es evitar las prisas. Sabrás lo que deseas saber a su debido tiempo. La prisa es consecuencia de las dudas y el miedo; y las dudas y el miedo cerrarán tu mente a la información que estás buscando. Dios lo sabe, y tú lo vas a saber. No hay ninguna duda acerca de ello. No hay prisa; espera hasta haber sacado de tu mente todos los demás problemas y distracciones y hasta encontrar un lugar donde puedas sentarte en soledad, sin miedos ni interrupciones. Siéntate, y prepárate. Afirma tu voluntad de realizar la voluntad de Dios. Manifiesta tu propósito de usar este conocimiento de una forma que sea benéfica para los demás. Luego céntrate en el asunto. No elucubres ni pienses acerca de él, simplemente mantén en la mente la inversión, el campo, o el paciente, y espera. Haz que tu actitud mental sea la de una persona que pone el auricular del teléfono en su oreja y espera que quien está al otro lado del hilo le diga lo que quiere saber. A su debido tiempo, en tu mente surgirá la seguridad de no realizar la inversión, de sembrar avena, de que el paciente tiene cáncer o de que el relato es verdadero. No esperes recibir detalles innecesarios y superfluos. Lo que te llegará son los hechos, que es todo lo que necesitas por el momento.

El único riesgo es que puedes confundir las convicciones a las que llegues a través de tu razonamiento, con las que son realmente percepciones de la verdad. No estoy negando el valor de la razón, pues en los asuntos ordinarios será tu mejor guía. Pero en aquellas circunstancias realmente importantes seguramente la razón no tiene suficientes datos para trabajar y es en estos casos en los que debes preguntar a Dios. Y al preguntar a Dios asegúrate de no elaborar razonando tu propia respuesta. Es necesaria cierta experiencia para distinguir claramente entre aquello que sabes y lo que crees que sabes.

Y este es el método para acceder a la verdad a través de la intuición, palabra que, por cierto, significa instrucción interior. Y cuando ya dispongas de esa verdad, lo siguiente es actuar en base a ella, avanzar. Utilizando esa información tan positivamente como lo haces con aquello que ves con tus ojos y oyes con tus oídos. Y aquí es donde muchos tropiezan. Temen lanzarse en base a la información recibida; se niegan a confiar en su primera percepción de la verdad y nunca obtienen una segunda. Una vez en una conferencia quise obtener un cierto dato relacionado con la vida de Lincoln. En el silencio recibí lo que esperaba y seguidamente lo afirmé de forma positiva. Bastantes años después se descubrieron evidencias que corroboraron mis afirmaciones hasta en el más mínimo detalle. Este tipo de sucesos me han ocurrido varias veces, y he descubierto que puedo averiguar cualquier cosa pasada o presente, que necesite saber, o que tenga el derecho de saber. Decir esto es algo atrevido, pero es un hecho que puedes comprobar por ti mismo. Todo el pasado y el presente está en la Inteligencia Universal. En cuanto al futuro, no sé si está en ella o no, pero sospecho que sí, al menos en cierta medida. De todas formas, no hay gran cosa del futuro que necesitemos o debamos saber.

Métodos

Vamos a abordar ahora el tema de la dirección del poder. ¿Podemos aplicar el poder de Dios a la solución de nuestros propios problemas, utilizándolo para vencer nuestras dificultades particulares?

Sí, pero con ciertas condiciones. El poder que se manifiesta en el interior de tu propio cuerpo no es esencialmente distinto del que se muestra en los movimientos de los planetas. Es el mismo. Tu energía vital es una con el poder vital del universo. Cuando tomas en tu mano un lápiz o una palanca, estás dirigiendo el poder del universo y si creas las condiciones adecuadas lo podrás dirigir igualmente más allá de tu cuerpo.

¿Y cuáles son las condiciones adecuadas? La primera tiene que ver con tu motivo. Nunca podrás dirigir el Poder Supremo para lograr algo que sea contrario a los dictados de la Inteligencia Suprema. No puedes utilizar a Dios contra Él mismo, por lo que la primera condición es la total unidad de tu voluntad con la Suya. Examina tus motivos y tus esperanzas y averigua si con toda seguridad puedes decir que van en el mismo sentido que la voluntad de Dios.

¿Qué es lo que quieres hacer? Supongamos que quieres iniciar un negocio para el que necesitas influir en ciertas mentes y obtener la aprobación de personas de un nivel elevado. O que eres médico y quisieras curar a un gran número de pacientes. O que deseas incrementar el amor de tu marido o de tu esposa. O que quieres enderezar y reformar a un niño malcriado y caprichoso. Para todos estos propósitos puedes legítimamente desear utilizar el Poder de Dios. Ahora, te voy a decir los métodos.

Antes que nada debes saber lo que vas a hacer. No vas a pedirle a Dios de una forma general que haga algo por ti con sus propios métodos. Al contrario, vas a seleccionar tu propio método y a aplicar el Poder Total al trabajo, conscientemente y con un propósito. Antes de comenzar asegúrate de que vas a hacer lo correcto. En primer lugar deberás obtener el conocimiento, pues éste te traerá el segundo ingrediente esencial, que es la fe. Puedes tener conocimiento sin fe, pero nunca podrás usar el poder sin fe. Lo que genera el poder es la tranquila, calmada y continua afirmación de la fe. Las dudas lo hacen desaparecer.

Los pasos son tres: primero, someter tu voluntad a la voluntad de Dios; segundo, recibir el conocimiento de Dios; y tercero, afirmar tu voluntad con la de Dios. Es decir, someter tu voluntad a fin de recibirla de vuelta engrandecida e irresistible.

Supongamos que ya tienes el conocimiento y estás listo para empezar. Mantén en tu mente el pensamiento de las personas cuyo consentimiento deseas obtener y recuerda que el entorno que te rodea a ti y a ellos está cargado con una fuerza irresistible, la cual está a tu disposición. Debes estar tranquilo, sereno, equilibrado, con confianza total. "Voy a hacer lo correcto; es lo mejor para todos nosotros, y vosotros me vais a ayudar, amigos; no podéis evitarlo, pues mi voluntad concentra sobre vosotros el Poder Absoluto; cuando os vea me daréis vuestro consentimiento a mi propuesta". No te desvíes de esta afirmación, ni abandones esta actitud mental. No necesitas pensar en estas personas de forma individual, salvo que uno o algunos de ellos sean especialmente hostiles y difíciles de convencer; en este caso, concéntrate en ellos una parte del tiempo. No te apresures a verlos personalmente; antes haz el trabajo y cuando vayas a verlos, tu actitud calmada y serena será irresistiblemente convincente.

Si lo que deseas es curar a los enfermos, recuerda que el entorno que te rodea está vibrando con vida y poder curativo, y que tu voluntad puede concentrarlo en tus pacientes. Mantenlos en tu mente y lleva ese poder hacia ellos. Ten presente el valor de la impresión que tu personalidad genera en los demás, por lo que será bueno que cultives una apariencia externa de calma, confianza y fuerza. Cuando recurran a ti para atender un caso de dolor extremo, no te agites, tampoco des la razón al enfermo en todo; ni te muestres excesivamente apresurado por aliviarlo. No dudes en utilizar medios externos como masajes, aplicaciones externas, remedios caseros o medicamentos que no causen daño. Todos ellos te ayudarán a controlar tu propia mente, al igual que la de tu paciente; pero cualesquiera que sean los materiales que utilices, ni por un instante dejes de estar pendiente de la actuación del Poder Absoluto. Esto es lo que realmente curará al enfermo. Los demás medios son sólo accesorios.

Si lo que deseas es obtener el amor de tu marido o de tu esposa, los elementos son ligeramente distintos y también es necesario un cambio de método. El amor no puede ser impuesto. Debe ganarse. Ni el propio Dios puede hacer que alguien te ame, si tú no eres una persona amable. Es de locos quejarse de que alguien o "la gente" no te aman como debieran. Nadie "debiera" amarte; nadie tiene la obligación de amarte, y si la tuviera sería exactamente lo mismo. Es un gran error suponer que las personas deben amarse unas a otras en base a mandamientos u obligaciones. Imagínate que el gobierno aprobase una ley según la cual todas las mujeres llamadas María tuvieran que amar a hombres llamados Juan; ¿crees que el poder del estado sería capaz de producir este tipo de afecto en los corazones de las personas que se llamaran así?

Antes del matrimonio todos reconocemos la verdad acerca del amor. El joven sabe que el corazón de su amada no tiene obligación de amarlo y por ello se dedica a ganarse su afecto. La "corteja"; se pone sus mejores ropas cuando va a verla y asume la actitud de un caballero cortés, educado y galante. Y la chica hace lo mismo, o su equivalente femenino; y así ambos conquistan el amor del otro. Esta es la forma en que lo hacen y no hay otra manera de hacerlo, ya sea antes del matrimonio o después. Los mismos métodos que conquistan el amor antes del matrimonio lo mantienen y lo incrementan después. Se dicen muchas tonterías acerca de las "afinidades" y de lo difícil que es la vida de matrimonio. Mantener un matrimonio para toda la vida es fácil si uno o los dos participantes no son demasiado egoístas ni demasiado perezosos para molestarse un poco tratando de conservar lo que conquistaron.

Cuando has logrado hacerte todo lo amable que sea posible, entonces puedes pedir la ayuda del Poder Divino y de la Divina Paz. Puedes llenar tu hogar con ellos y rodearte a ti mismo con una atmósfera que te hará irresistiblemente atractivo. Inténtalo.

Y en el caso del cuarto supuesto, el método es el mismo. No sigas, no vigiles ni espíes al niño malcriado; tampoco le regañes ni lo alecciones. Sé tú mismo. Sé lo que desearías que él sea, y con calma, persistencia y fe, concentra el Poder en él hasta que se produzcan las condiciones mentales que tú deseas. "Cuando ores, actúa como si aquello que pides en oración ya lo hubieras recibido, y de este modo lo recibirás".

La ley de la atracción

Prefacio

El universo está gobernado por la ley, por una gran ley. Sus manifestaciones son múltiples, pero consideradas desde arriba, tan sólo hay una ley. Conocemos algunas de estas manifestaciones, pero somos totalmente ignorantes en lo que se refiere a otras. No obstante, cada día aprendemos un poco más, el velo está siendo gradualmente apartado. Hablamos con cierto conocimiento de la ley de la gravedad, sin embargo ignoramos la igualmente maravillosa ley de la atracción. Conocemos la maravillosa manifestación de la ley que atrae y mantiene juntos a los átomos que componen la materia, reconocemos el poder de la ley que atrae nuestros cuerpos hacia la tierra y que mantiene a los mundos orbitando en sus lugares, sin embargo cerramos los ojos ante la poderosa ley que atrae hacia nosotros las cosas que deseamos o tememos, las cosas que nos iluminan o que nos amargan la vida.

Si aceptamos que el Pensamiento es una fuerza, una manifestación de la energía, que tiene un poder de atracción magnético, comenzaremos a entender el porqué de muchas situaciones que antes nos parecían oscuras. No existe ningún estudio que sea tan rentable para el estudiante, como el estudio de esta importante ley del mundo del pensamiento: la Ley de la Atracción. Al pensar, emitimos ciertas vibraciones de una sustancia etérea, que son tan reales como las vibraciones que manifiestan luz, calor, electricidad o magnetismo. El hecho de que estas vibraciones no sean captadas por nuestros cinco sentidos no quiere decir que no existan. Un poderoso imán emite vibraciones y ejerce una fuerza suficiente para atraer hacia sí mismo una pesada pieza de hierro, sin embargo no podemos ver, saborear, oler, oír ni sentir esta potente fuerza. Del mismo modo, estas vibraciones del pensamiento no se pueden ver, ni gustar, ni oler, ni oír, ni sentir del modo usual, aunque es verdad que se han dado casos de personas especialmente sensibles a las impresiones psíquicas, las cuales han percibido ondas de pensamiento e incluso muchos de nosotros podemos testimoniar que a veces hemos percibido las vibraciones generadas por los pensamientos de otras personas, tanto estando ellas presentes como a distancia. La telepatía y otros fenómenos parecidos, no son tonterías. La luz y el calor son manifestados por vibraciones de una intensidad mucho menor que las del pensamiento, pero la diferencia entre unas y otras sólo estriba en su ritmo vibratorio. Todos sabemos que existen vibraciones sonoras que el oído humano no capta, pero que sin embargo pueden ser percibidas por algunos animales e incluso registradas electrónicamente. Igualmente, conocemos perfectamente la existencia de los rayos ultravioleta e infrarrojos, aunque el ojo humano es incapaz de percibirlos. En los medios espirituales la frase "los pensamientos son cosas" es tan conocida que con frecuencia se utiliza sin pensar realmente en lo que significa. Si realmente comprendiéramos la verdad de esta afirmación y las consecuencias naturales que de ella se desprenden, entenderíamos muchas cosas que hasta ahora nos han parecido oscuras y al mismo tiempo seríamos capaces de utilizar este maravilloso poder, la Fuerza del Pensamiento, al igual que usamos otras manifestaciones energéticas.

Al pensar emitimos vibraciones de un nivel muy elevado, las cuales son tan reales como las vibraciones que se manifiestan en forma de luz, calor, sonido o electricidad. Cuando entendamos las leyes que gobiernan la producción y la transmisión de estas vibraciones, seremos capaces de utilizarlas en nuestra vida diaria, al igual que ya hacemos con otras formas de energía. El hecho de que no podamos ver, oír, tocar o medir estas vibraciones no demuestra que no existan. Hay ondas sonoras que el oído humano no puede oír, aunque sí son percibidas por el oído de algunos insectos, y otras pueden ser registradas por instrumentos electrónicos inventados por el hombre. Sin embargo, existe un gran abismo entre los sonidos registrados por los más delicados y sensibles instrumentos y el límite existente, según nuestro conocimiento, entre las vibraciones sonoras y otras formas de vibración. Como ya dijimos, existen ondas luminosas que el ojo humano no capta y que también son detectadas por ciertos instrumentos, y hay muchas más que ningún instrumento inventado puede detectar, aunque cada año que pasa se progresa en este sentido. Al inventarse nuevos instrumentos se registran vibraciones antes desconocidas, sin embargo estas vibraciones eran tan reales antes de inventarse el instrumento que las registra, como lo son ahora. Supongamos que carecemos de instrumentos para detectar el magnetismo; en este caso parecería justificado negar la existencia de esta fuerza, ya que no podría ser percibida ni demostrada. Sin embargo, la fuerza magnética seguiría mandándonos sus ondas capaces de mover pesadas piezas de hierro, mientras nosotros seguimos negando su existencia. Cada tipo de vibración requiere un instrumento adecuado para su registro. En la actualidad, parece que todavía el cerebro humano es el único instrumento capaz de registrar las ondas de pensamiento, aunque los ocultistas dicen que pronto serán inventados aparatos suficientemente sensibles como para captar y registrar tales vibraciones. Quienes hayan experimentado de forma práctica la telepatía no necesitarán más pruebas que los resultados de sus propios experimentos. Todos estamos constantemente emitiendo pensamientos de intensidad diversa y por supuesto, cosechamos los resultados de tales pensamientos. Nuestras ondas de pensamiento no sólo tienen una influencia sobre nosotros y sobre los demás, sino que poseen también un poder de atracción, atraen hacia nosotros los pensamientos de otras personas, así como cosas, circunstancias, individuos y "suerte", según sea la cualidad de pensamiento predominante en nuestras mentes. Los pensamientos de amor traerán a nosotros el amor de otras personas, así como circunstancias y entornos en concordancia con dicho pensamiento, al igual que personas con pensamientos semejantes. Los pensamientos de ira, odio, envidia, malicia y celos nos atraerán el mismo tipo de pensamientos que emanen de las mentes de otros, así como las circunstancias en las que nos veremos abocados a manifestar estos pensamientos viles y a recibirlos de otros; nos atraerán también personas que manifestarán desarmonía en sí mismos, y así sucesivamente.

Un pensamiento fuerte o mantenido durante cierto tiempo nos convertirá en el centro de atracción para las ondas de pensamiento de este tipo emitidas por otras personas. En el mundo del pensamiento, los semejantes se atraen y como siempre, lo que siembres cosecharás. En el mundo del pensamiento, los pájaros del mismo plumaje vuelan juntos y vuelven siempre a casa con algunos amigos que se han encontrado en el camino. El hombre o la mujer que emana amor ve amor en cualquier lugar donde pose sus ojos, y al mismo tiempo, atrae el amor de los demás. El hombre que tenga odio en su corazón, sin duda recibirá todo el odio que pueda soportar. El hombre que piensa en luchar, con frecuencia encontrará peleas en su camino, y así sucesivamente. Cada uno de nosotros recibe lo que sus ondas mentales están pidiendo. El hombre que por la mañana se levanta en un estado de ánimo "gruñón", normalmente se las arreglará para que muy pronto, antes del desayuno, toda la familia comparta su mismo estado de ánimo. La mujer chismosa, generalmente encuentra durante el día circunstancias suficientes para seguir chismorreando. El poder de atracción del pensamiento es algo serio. Si piensas detenidamente en ello, te darás cuenta de que el ser humano realmente crea su propio entorno, aunque siempre eche la culpa a otros. He conocido personas capaces de mantener en su mente un pensamiento de paz y armonía y he visto cómo el caos e incluso la violencia que les rodea resbala sobre ellos sin afectarles. Eran como el navío desde el que se había vertido aceite sobre las violentas olas, manteniendo su calma y su equilibrio interno mientras la tempestad rugía a su alrededor. Una vez se conoce el funcionamiento de esta ley, no tenemos por qué estar ya a merced de las tormentas.

La era de la fuerza física ya pasó, en estos momentos estamos en la de la supremacía intelectual y entrando en el terreno aún, en gran parte desconocido, del poder psíquico. Este campo tiene sus leyes, las cuales debemos esforzarnos en conocer, de lo contrario nos veremos acorralados contra la pared al igual que ocurre con el ignorante en los niveles físicos. Vamos a tratar de poner a tu disposición los principios vitales de este nuevo campo de energía que se está abriendo ante nosotros, a fin de que puedas utilizar este gran poder aplicándolo para propósitos legítimos y productivos, al igual que el ser humano ha usado el vapor de agua, la electricidad y otras formas de energía.

William W. Atkinson

Capítulo I

Obtener lo que deseamos es lo que se llama éxito; pero el éxito es un efecto, que procede de la aplicación de una causa. En esencia el éxito es siempre el mismo en todos los casos; la diferencia está en las cosas que las personas exitosas quieren, no en el éxito en sí mismo. El éxito es esencialmente el mismo, ya sea que el resultado consista en la obtención de salud, riqueza, posición social, o aprendizaje. El éxito es lograr algo, independientemente de la cosa lograda. Y como hay una ley en la naturaleza según la cual causas semejantes generan siempre efectos semejantes, siendo que el éxito es siempre el mismo en todos los casos, su causa debe ser también la misma.

La causa del éxito está siempre en la persona. Verás que esto debe ser cierto, pues si la causa del éxito estuviese en la naturaleza, fuera de la persona, todos los individuos en situación similar, tendrían éxito. La causa del éxito no está en el entorno del individuo, pues de ser así todos los habitantes en una zona determinada tendrían éxito, y el éxito sería más bien un asunto de vecindad y, como todos sabemos, individuos cuyo entorno es prácticamente el mismo muestran una gran variedad de grados de éxito y de fracaso; por lo tanto, sabemos que la causa del éxito debe estar en el individuo, y en ningún otro lugar.

Por lo tanto, es matemáticamente cierto que si hallas la causa del éxito, la desarrollas hasta darle suficiente fuerza, y la aplicas debidamente a tu trabajo, tendrás éxito, ya que la aplicación de una causa no puede dejar de producir el efecto correspondiente. Y si ocurre algún fallo de algún tipo en algún punto determinado del proceso, es porque la causa no tenía suficiente peso o bien porque no fue debidamente aplicada. La causa del éxito es un cierto poder que hay en tu interior. Y tú tienes la facultad de desarrollar ese poder de forma ilimitada, pues el crecimiento mental no tiene límites. Puedes incrementar la fuerza de ese poder indefinidamente, por lo que puedes hacerlo suficientemente fuerte para realizar lo que deseas y obtener lo que quieras obtener. Una vez se logre la fuerza necesaria, puedes aprender a aplicarla a tu trabajo y por lo tanto, sin duda tendrás éxito. Todo lo que necesitas es descubrir cuál es la causa del éxito y cómo debe ser aplicada.

Es esencial desarrollar las facultades especiales que vas a tener que utilizar en el trabajo. Es absurdo esperar que alguien tenga éxito en el mundo de la interpretación musical sin antes desarrollar sus facultades en este campo. Del mismo modo, sería un sinsentido esperar que un mecánico tuviera éxito sin pasar antes por el correspondiente aprendizaje, o que un sacerdote tuviera éxito si haber desarrollado la comprensión espiritual y el adecuado uso de las palabras, o que un financiero tuviera éxito sin haber antes aprendido los detalles del mundo de las finanzas. Al escoger un negocio, debes elegir alguno en el cual puedas utilizar tus facultades mejores o más desarrolladas. Si tienes habilidades mecánicas, pero tu mente no está orientada hacia lo espiritual ni posees tampoco fluidez verbal, es mejor que no te dediques a predicar. Si posees gusto y talento para combinar colores, texturas y telas, no parece lógico que te dediques a aprender mecanografía. Elige un campo en el cual puedas utilizar tus facultades más notables y desarrolla esas facultades todo cuanto puedas. Sin embargo, ni siquiera esto es suficiente para asegurarte el éxito.

Hay personas con talento musical que fracasan como músicos; otros con gran habilidad mecánica, fracasan en el campo de las máquinas y los motores; los hay dotados de una espiritualidad profunda y de una gran habilidad verbal, y sin embargo no tienen éxito en el ámbito religioso; otros, dotados de una mente lógica e incisiva, fracasan como abogados, y así sucesivamente. Las facultades especiales que vas a usar en tu trabajo son herramientas, pero el éxito no sólo depende de tener buenas herramientas, depende más de la mano que las usa y las aplica. No obstante, asegúrate de que tus herramientas son las mejores y procura mantenerlas en buen estado. Cualquier facultad que desees desarrollar puede ser cultivada.

La aplicación de la facultad musical causa el éxito en el campo de la música; la del talento mecánico causa el éxito en el mundo de la mecánica; la facultad financiera causa el éxito en el mundo de la banca, y así sucesivamente. Pero ese algo que aplica estas facultades o hace que sean aplicadas es la causa del éxito. Las facultades son herramientas, y el usuario de las herramientas eres tú mismo. Ese algo que hay en ti, que puede hacerte usar las herramientas del modo adecuado, en el momento adecuado y en el lugar adecuado, es la causa del éxito. Pero ¿qué es ese algo existente en la persona que le hace utilizar sus facultades con éxito?

Más adelante te voy a explicar con detalle qué es ese algo y cómo se puede desarrollar; pero antes te aconsejo que leas este capítulo varias veces hasta haber fijado de forma indeleble en tu mente la lógica subyacente en la afirmación de que puedes tener éxito. Sí, puedes tener éxito; y si estudias bien los argumentos que te he presentado, llegarás a convencerte de que puedes; y estar convencido de que puedes tener éxito es el primer requisito para lograr el éxito.

Capítulo 2

Las herramientas con las que se alcanza el éxito son las facultades de la mente humana, y la correcta aplicación de estas herramientas en tu trabajo o tu negocio es lo que te llevará a lograr lo que tú quieras, a lograr el éxito. Algunos tienen éxito porque utilizan sus facultades de forma adecuada, mientras que la mayoría, con facultades igualmente válidas, fracasa, porque las utiliza de forma inadecuada. En la persona que tiene éxito hay algo que le lleva a utilizar sus facultades de forma adecuada. Ese algo es cultivado por todos aquellos que tienen éxito. El asunto es: ¿qué es ese algo?

Es difícil encontrar una palabra que pueda definir a ese algo de forma inequívoca. Ese Algo es el Equilibrio. Equilibrio significa paz y fuerza combinados. Pero en realidad ese algo es más que equilibrio, pues el equilibrio es una cualidad, y ese Algo es tanto una cualidad como una acción. Ese Algo es la Fe. Pero en realidad es más que fe, o al menos más que lo que normalmente se entiende por fe, es decir, la creencia en cosas que no pueden ser demostradas. Ese Algo que causa el éxito es más que esa fe.

Ese Algo es el Poder Consciente en acción. Es la CONCIENCIA DEL PODER EN ACCIÓN.

Conciencia del Poder es lo que sientes cuando sabes que puedes hacer algo y sabes CÓMO hacerlo. Si yo logro que tú SEPAS que puedes tener éxito y que sepas que sabes CÓMO tener éxito, he puesto al éxito a tu alcance; pues si sabes que puedes hacer algo y sabes que sabes cómo hacerlo, es imposible que fracases, siempre que realmente te esfuerces en hacerlo. Cuando tienes conciencia total de tu poder, abordas el trabajo con una disposición mental de éxito. Cada pensamiento será un pensamiento de éxito, cada acción una acción de éxito, y si cada pensamiento y cada acción es de éxito, la suma total de todas tus acciones no te puede llevar al fracaso.

De este modo, lo que tengo que hacer en estas lecciones, es enseñarte a crear en ti mismo la conciencia de tu poder, de tal forma que tú sepas que puedes hacer aquello que quieres hacer y después debo enseñarte cómo hacer lo que quieres hacer. Lee de nuevo el capítulo anterior, pues en él se demuestra con una lógica irrebatible que tú PUEDES tener éxito. En él se muestra que lo que hay en otras mentes está en tu mente; la diferencia, si es que la hay, es únicamente en cuanto al grado de desarrollo. Un hecho de la naturaleza es que lo no desarrollado es siempre capaz de desarrollarse. Así veras que la causa del éxito está en ti, y puede ser desarrollada totalmente. Habiendo leído esto, deberás creer que tu éxito es posible. Pero creer que puedes no es suficiente, debes saber que puedes; y tu mente subjetiva debe saberlo tan bien como la mente objetiva.

Hay un refrán que dice: "El que cree que puede, puede", pero no es cierto. Ni siquiera es cierto que el que sabe que puede, puede, si en este proceso está únicamente interviniendo la mente objetiva. A veces la mente subjetiva puede desechar completamente algo que es perfectamente sabido por la mente objetiva. El refrán verdadero sería: "Aquél cuya mente subjetiva sabe que puede, puede", especialmente si la mente objetiva ha sido entrenada para realizar bien el trabajo en cuestión. Muchos fracasan porque piensan objetivamente, que pueden hacer cosas, pero su mente subconsciente no sabe que las pueden hacer. Es muy posible que tu mente subconsciente tenga en este momento dudas acerca de tu capacidad para lograr el éxito. Esas dudas deben ser eliminadas, de lo contrario drenarán tu poder y tu fuerza, en el momento en que más los necesites.

La mente subconsciente es la fuente de donde surge la fuerza que anima toda acción y toda facultad. Si en ella existen dudas, drenarán la fuerza y la acción resultará débil; por lo tanto, tu primer paso debe ser imprimir en tu mente subconsciente el hecho de que tú PUEDES. Esto se logra con sugestiones repetidas. Practica el siguiente ejercicio mental varias veces al día, y especialmente antes de irte a dormir. En un estado de calma, piensa en tu mente subconsciente, la cual impregna la totalidad de tu cuerpo al igual que el agua impregna una esponja. Al pensar en esta mente, trata de sentirla y pronto podrás ser consciente de ella. Mantén esta conciencia y entonces di con vehemencia y profundidad: "¡PUEDO tener éxito! Lo que es posible para cualquier otra persona, es también posible para mí. Tengo éxito. Tengo éxito, pues estoy totalmente imbuido del Poder del Éxito".

Esta es la sencilla verdad. Date cuenta de que esta es la verdad y repítela una vez y otra hasta que tu mente esté totalmente saturada, con el conocimiento de que tú PUEDES HACER AQUELLO QUE QUIERES HACER. Sí, tú puedes. Otras personas lo han hecho y tú puedes lograr más de lo que nadie ha logrado hasta ahora, pues nunca nadie hasta ahora ha usado todo el poder que puede usarse. Tienes la capacidad de lograr en tu negocio un éxito mayor del que nunca nadie logró hasta ahora.

Practica esta autosugestión con persistencia durante un mes, y así comenzarás a SABER que posees en tu interior eso que PUEDE lograr lo que tú quieres lograr. Entonces estarás listo para el próximo capítulo, en el que te voy a decir cómo proceder para hacer lo que quieres hacer. Pero recuerda que es esencial y absolutamente necesario que antes imprimas en tu mente subconsciente el conocimiento de que tú PUEDES.

Capítulo 3

Habiendo impregnado tu mente subconsciente y también tu mente consciente con la fe en que tú PUEDES lograr lo que quieres lograr, el siguiente paso tiene que ver con los métodos. Sabes que lo puedes hacer si actúas de la forma adecuada, pero ¿cuál es la forma adecuada?

Algo está claro. Para lograr más, debes utilizar constructivamente aquello que ya posees. No puedes usar lo que no posees, por lo tanto tu problema es cómo utilizar lo más constructivamente posible aquello que ya tienes. No pierdas tiempo considerando cómo utilizarías ciertas cosas si las poseyeras, en lugar de ello dedícate a considerar cómo vas a usar lo que tienes. También es cierto que progresarás con mayor rapidez si utilizas lo que tienes de la forma más perfecta posible. De hecho, el grado de rapidez en el que lograrás lo que quieres depende de la perfección con la que utilices lo que tienes. Mucha gente están detenidos o las cosas les llegan con mucha lentitud porque utilizan sólo parcialmente los medios que tienen a su disposición, su fuerza y sus oportunidades.

Verás esto con más claridad considerando la siguiente analogía de la naturaleza. En el proceso de la evolución, las ardillas desarrollaron su capacidad de salto al máximo. Luego, al continuar esforzándose en este sentido, se generó la ardilla voladora, la cual posee una membrana en sus extremidades, que forma una especie de paracaídas el cual le permite saltar a una distancia mucho mayor de los saltos ordinarios. Una posterior extensión de este paracaídas para saltos produjo el murciélago, que posee alas membranosas que le permiten ya volar. Una evolución posterior generó al pájaro con alas y plumas.

La transición desde un plano a otro se logró simplemente perfeccionando y ampliando las funciones ya existentes. Si las ardillas no hubieran seguido intentando saltar cada vez más lejos, no se hubiera generado la ardilla voladora, ni la capacidad de volar. La utilización constructiva del poder de salto produjo el vuelo. Si tú saltas sólo hasta la mitad de lo que realmente puedes saltar, nunca volarás.

En la naturaleza vemos que la vida avanza de un plano a otro perfeccionando las funciones del plano inferior.

Cada vez que un organismo contiene más vida de la que puede expresar funcionando perfectamente en su propio plano, comienza a generar las funciones en un nivel superior o en un plano más amplio. La primera ardilla que comenzó a desarrollar la membrana paracaídas debió ser una saltadora muy buena. Este es el principio fundamental de la evolución, y también el principio fundamental de todo logro.

De acuerdo con este principio, avanzarás solamente si superas tu posición actual. Debes hacer, perfectamente, lo que estás haciendo ahora. Según la ley, realizando a la perfección aquello que haces ahora, pronto serás capaz de hacer cosas que ahora no puedes hacer.

Al realizar a la perfección algo, invariablemente se nos suministra el equipo necesario para hacer algo un poco mayor, pues este es un principio de la naturaleza gracias al cual la vida avanza. A toda persona que realiza algo perfectamente se le presenta la oportunidad de comenzar a hacer algo mayor o más importante. Esta es una ley universal que rige en toda vida, y nunca deja de actuar. Primero haz perfectamente lo que estás haciendo ahora; sigue haciéndolo a la perfección hasta que llegue el momento en que te resulte tan fácil que tengas un remanente de energía después de hacerlo; pronto esa energía extra te permitirá continuar con el trabajo en otro nivel, extendiendo tu influencia en tu entorno.

Aborda un negocio en el cual puedas usar tus mejores facultades, aunque debas empezar por lo más bajo. Luego desarrolla esas facultades al máximo. Cultiva la conciencia de tu poder a fin de que puedas aplicar esas facultades de forma exitosa y aplícalas en hacer perfectamente cualquier cosa que hagas en el lugar en que te encuentres ahora. No esperes un cambio en el entorno, pues tal vez nunca llegue. El único modo de alcanzar un mejor entorno es utilizando constructivamente el entorno presente. Sólo la perfecta utilización de tu entorno actual te situará en un entorno más deseable.

Si lo que quieres es extender tu negocio actual recuerda que sólo lo podrás hacer llevando de la manera más perfecta el negocio que en este momento tienes. Si inviertes en tu negocio suficiente energía como para colmarlo, el remanente te acarreará más negocio. No busques más hasta que no hagas perfectamente aquello que estás haciendo ahora y te sobre energía para otras cosas. De nada sirve tener más trabajo del que puedes hacer a la perfección. Si esto ocurriera, antes que nada deberás incrementar tu fuerza vital. Y recuerda, lo que va a ampliar tu campo de actividad y te pondrá en contacto con un entorno mucho mayor, es la perfección con la que estés realizando tu trabajo actual.

Ten en cuenta que la fuerza que te va a traer lo que quieres es la vida; y lo que tú quieres en último término, es sólo la oportunidad de vivir más; por lo tanto, podrás obtener lo que quieres sólo con el funcionamiento de la ley universal, según la cual la vida avanza continuamente hacia una mayor expresión de sí misma. Según esta ley, cuando un organismo posee más vida de la que puede expresar funcionando perfectamente en un plano determinado, éste remanente de vida es lo que lo lleva a un plano superior. Cuando pones suficiente de ti mismo en tu trabajo actual a fin de realizarlo a la perfección, ese remanente de energía que te quedará después de realizar tu trabajo perfectamente es lo que te llevará a un campo más amplio o a un nivel más elevado. Es esencial que mantengas en tu mente aquello que quieres, a fin de que ese remanente de vida, ese remanente de energía sea canalizado en la dirección correcta.

Forma una idea clara de aquello que quieres lograr, pero no dejes que esa idea de lo que quieres lograr interfiera con la perfección de lo que estás haciendo ahora. El concepto de lo que quieres es una guía para tu energía y una inspiración que te hará aplicarla al máximo en tu trabajo presente. Vive ahora para el futuro. Imaginemos que lo que quieres es poseer un centro comercial y el capital que posees sólo te alcanza para un puesto de almendras en la calle. No intentes abrir hoy un centro comercial con el capital necesario para el puesto de almendras. En lugar de ello, inicia tu trabajo con el puesto de almendras con una fe y una confianza total en que serás capaz de desarrollarlo y ampliarlo hasta llegar a un centro comercial. Considera al puesto de almendras simplemente como el inicio del centro comercial. Hazlo crecer, tú puedes.

Utilizando constructivamente tu negocio actual te surgirán oportunidades para ampliarlo. Utilizando constructivamente a tus amigos actuales te llegarán muchos más amigos. Utilizando constructivamente la posición que ahora tienes podrás alcanzar una mejor. Y utilizando constructivamente el amor ya existente en tu hogar, obtendrás mucha más felicidad doméstica que la que ahora tienes.

Capítulo 4

Tan sólo podrás obtener lo que quieres aplicando a la perfección tus facultades en tu trabajo y en tu entorno actual. Serás capaz de aplicar tus facultades con éxito adquiriendo lo que hemos llamado la Conciencia del Poder, concentrándote en tu trabajo actual y haciendo a la perfección todo aquello que estés haciendo en el momento presente. Sólo concentrando toda tu energía en la utilización constructiva de aquello que hoy tienes y haces, podrás obtener en un futuro lo que quieres obtener. Una utilización indiferente o tibia de los elementos que hoy tienes en tu entorno sería fatal para tus logros futuros.

No desees para hoy lo que está más allá de tu capacidad de lograr en este momento. Sin embargo, asegúrate de que hoy consigues lo mejor que se puede conseguir. No te conformes nunca con algo que no sea excelente dentro de los parámetros del día de hoy y no malgastes tu energía deseando algo que nunca podrá obtenerse en el momento presente. Si siempre tienes lo mejor, continuarás poseyendo cada vez cosas mejores, pues según un principio fundamental del universo, la vida avanza continuamente generando más vida y facilitando la utilización de cosas cada vez más abundantes y mejores; este es el principio de la evolución. Si por el contrario estás satisfecho con algo mediocre, sin duda dejarás de avanzar.

Cada transacción y cada relación en la situación actual de tu negocio, tu hogar o tu posición social, debe ser considerada como el punto de partida hacia aquello que quieres para el futuro. Y para lograr lo que quieres debes invertir más de lo necesario. De este modo habrá un remanente de energía en todo aquello que hagas. Y es este remanente de energía lo que causa el avance y lo que te va a llevar donde tú quieres. Donde no se da este remanente de energía no hay avance y no hay logros. Este remanente de vida más allá y más arriba de las funciones del entorno presente es lo que causa la evolución; y la evolución es siempre avanzar hacia más vida o lograr lo que tú quieres lograr.

Suponte, por un instante, que lo que deseas es incrementar tu negocio. El asunto nunca funcionará si tú conviertes tu trabajo en algo meramente comercial, tomando el dinero del cliente y dándole a él el objeto o el servicio que te ha comprado. Si al salir por la puerta el cliente siente que tú no tienes interés alguno en él y en sus necesidades más allá de lo puramente comercial, la transacción ha sido un fracaso y estarás yendo hacia atrás. Si logras hacer sentir a cada uno de tus clientes que realmente te importan sus intereses tanto como los tuyos, tu negocio crecerá. No será necesario que regales nada, como hacen otros comerciantes. Lo que sí es necesario es que el cliente sienta que pones tu vida y tus intereses en cada transacción, ya sea esta grande o pequeña.

Si lo que deseas es cambiar de profesión, haz de tu presente trabajo la línea de salida en la pista que te lleve a lo que tú realmente quieres. Mientras permanezcas en tu trabajo actual, pon en él toda tu vida. El remanente de energía generado pronto te llevará hacia lo que tú quieres. Tómate un vivo interés en cada hombre, mujer y niño con los que te encuentres, ya sea en el trabajo o en reuniones sociales, y deséales sinceramente lo mejor. Pronto sentirán que estás interesado en su bienestar y unirán sus pensamientos a los tuyos para generarte bien. Esto formará una especie de batería energética a tu favor y pronto esta energía encontrará la forma de hacerte avanzar.

Si eres un empleado y deseas que te asciendan, debes poner tu vida en todo lo que hagas. Debes poner más vida de la que cada trabajo de los que haces necesita. Pero nunca debes mostrarte servil, y sobre todo evita la prostitución intelectual, que es el vicio de nuestros tiempos en la mayoría de las profesiones. Con esto quiero decir que evites convertirte en un defensor de la inmoralidad, de la avaricia o de cualquier forma de vicio. Prostituirse intelectualmente puede generar beneficios en el trabajo, pero te convierte en un alma perdida. Debes respetarte a ti mismo y ser absolutamente justo con todos. Debes poner vida en todos tus actos, y ser consciente del poder del pensamiento en relación con el hecho de que te van a promocionar. El ascenso que esperas llegará en el momento en el que seas capaz de realizar tu trabajo perfectamente y todavía te sobre energía. Si no te llega en tu empresa actual, será en otra. Es una ley: a todo aquel que cubre con creces su puesto actual, se le ofrece otro mayor. Pero incluso con esta ley es posible que no haya evolución ni progreso, según te explico seguidamente.

No es suficiente dedicar ese remanente de energía a tu trabajo o a tu negocio. Si eres un buen hombre de negocios o un buen empleado, pero al mismo tiempo eres un mal marido, un padre injusto o un amigo infiel, no avanzarás muy lejos. Tu fracaso en estos otros aspectos te hará incapaz de utilizar tu éxito para avanzar en la vida, no afectándote ya el mecanismo de la ley constructiva. Muchos hombres que siguen la ley en su trabajo y en sus negocios no progresan porque son groseros con su esposa, o abiertamente deficientes en algún otro ámbito humano. Para que la ley te afecte directamente debes poner toda tu vida en todas tus relaciones humanas.

Un operario telegráfico deseaba cambiar de trabajo y poseer una pequeña granja. Comenzó a moverse en esta dirección, siendo muy "bueno" con su esposa. Comenzó a "cortejarla" sin hacer ninguna referencia a lo que él buscaba. En breve ella pasó de una postura indiferente a estar interesada y deseosa de ayudar. Muy pronto compraron ambos un terreno cerca de la ciudad, y hoy tienen una esplendorosa granja. Poniendo todo lo que puedas de tu parte en tus relaciones humanas verás como pronto la colaboración de los demás es espontánea.

Intenta poner en toda relación ya sea de trabajo, doméstica o social, más vida de la necesaria para cumplir decentemente con dicha relación. Ten fe, es decir, sé consciente de tu Poder. Ten claro lo que quieres para el futuro, pero ten hoy lo mejor que puedas lograr. No te conformes con menos de lo que puedes obtener en este momento, pero no malgastes energía deseando lo que no te puedes permitir hoy. Utiliza todas las cosas para mejorar tu vida y la de todos aquellos que están relacionados de algún modo contigo. Sigue estos principios y no podrás fracasar en cuanto a lograr lo que deseas lograr, pues el universo está construido de tal forma que todo trabajará coordinadamente para lograr tu bien.

Capítulo 5

La cultura de la riqueza se basa en utilizar constructivamente a los objetos y a las personas de tu entorno.

Antes que nada debes hacer una imagen mental clara de lo que quieres. Si tu profesión o tu negocio actual no es lo más adecuado para tus gustos y tus talentos, elige otra ocupación más acorde con ellos y decide ingresar en ese negocio o esa profesión y lograr en ellos el mayor éxito posible. Deberás tener una idea muy clara de lo que quieres y construir un concepto mental del éxito en ese trabajo o esa profesión y verte a ti mismo logrando ese éxito. No ahorres tiempo en el trabajo de formar esa imagen mental; pues cuanto más clara y definida sea, más fácil resultará tu logro. El hombre que no está muy seguro de lo que quiere construirá una imagen difusa y temblorosa.

Debes saber exactamente lo que quieres y mantener la imagen de eso que quieres en la parte de atrás de tu mente, noche y día. Debe ser como un cuadro en la pared de tu habitación, siempre presente en tu conciencia. Después comienza a moverte hacia él. Recuerda que si actualmente no has desarrollado totalmente tus talentos, podrás hacerlo sobre la marcha y finalmente lograrás lo que quieres.

Es muy posible que en el momento actual no puedas hacer lo que quieres, pues no te hallas en el entorno adecuado ni tienes el capital necesario. Pero esto, al principio, no debe desviarte de avanzar en la dirección correcta, pronto estarás yendo hacia un entorno adecuado y hacia la adquisición de cierto capital. Recuerda que podrás avanzar sólo haciendo lo que puedes hacer en tu entorno presente. Supongamos que tienes únicamente capital suficiente para poner un puesto de periódicos y tu gran deseo es poseer un centro comercial. No vayas a creer que existe algún método mágico mediante el cual puedes erigir un centro comercial con el capital necesario para el puesto de periódicos. Considera que tu puesto de periódicos es uno de los departamentos del centro comercial que pronto tendrás. Centra tu mente en esa parte del centro comercial y comienza a asimilar lo demás. Si haces que cada pensamiento y cada acto tuyo sea constructivo, lograrás lo que deseas.

Para hacer cada pensamiento y cada acto constructivo éstos deben incorporar el concepto de incremento. Mantén en tu mente el pensamiento de avance. Estás avanzando hacia aquello que quieres. Y actúa y habla de acuerdo con esta fe. Cada palabra y cada acto tuyo transmitirán a los demás la idea de avance y ellos se sentirán atraídos hacia ti. Recuerda que lo que todos los seres humanos buscan es mejorar.

Primero, estudia los hechos en el sentido de que existe una gran abundancia disponible para ti y que no necesitas tomar riqueza de nadie. Evita el espíritu de competencia. Verás que hay a tu disposición una abundancia sin límite, sin necesidad de disminuir la riqueza de otros. Luego, sabiendo que el propósito de la naturaleza es que tú obtengas lo que quieres, reflexiona sobre el hecho de que tan sólo puedes obtenerlo a través de la acción. Ten en cuenta que en este momento puedes sólo actuar en tu entorno presente, no intentes actuar en el que será tu entorno futuro. Recuerda que al actuar en tu entorno presente debes hacer que cada acto tuyo sea un éxito en sí mismo, y mientras tanto debes mantener en tu mente el propósito de obtener lo que quieres. Este propósito lo podrás mantener sólo si has construido antes una imagen mental clara de lo que quieres. Asegúrate de ello. Además, recuerda que tus actos no te harán avanzar salvo que tengas una fe inquebrantable en que vas a lograr tu objetivo.

Resumiendo: forma una imagen clara de lo que quieres. Mantén constantemente el propósito de obtenerlo. Haz todo a la perfección, pero no con un espíritu servil, sino siendo el dueño de tu mente. Y mantén una fe inquebrantable en que finalmente lograrás tu meta, de este modo tu avance hacia la prosperidad será inevitable.

La ley de la opulencia

Debes aprender los requisitos del éxito no competitivo, es decir, el verdadero secreto de vivir felizmente en el reino de Dios. Dado que el propósito de la naturaleza es el avance continuo de todo ser humano hacia una vida cada vez más rica y abundante, ser uno con las leyes de la Mente de la naturaleza es desear el avance de todo ser humano sin perjudicar a nadie. Cuando lo que tú quieres para ti mismo, lo quieres también para los demás, entonces, lo que recibes para ti: salud, riqueza y felicidad, lo recibes también para los demás.

El reino de Dios

Para vivir felizmente en el mundo de Dios lo primero es abandonar la idea de competencia y la idea de que existe una cantidad limitada de bienes. La mayoría de la gente nunca lo logra. La competencia en los negocios tiene su origen en la idea de que los bienes son limitados. Se basa en la suposición de que al no haber suficiente, el ser humano debe competir con sus semejantes para lograr su parte. Muchos todavía creen que para que otros tengan suficiente, es necesario que algunos vivan en la pobreza y creen que la riqueza pueden obtenerla sólo aquellos que poseen una habilidad superior o algún poder especial para atraer hacia sí mismos una porción mayor de los bienes limitados existentes. Esta gente trata de aplicar estrategias en el plano competitivo y algunos lo logran con un cierto grado de éxito. Tratan de desarrollar un poder de reacción mayor e inyectan nuevos motivos y nueva energía en sus métodos competitivos. "He tenido éxito", dicen, creyendo que su éxito lo han logrado sólo porque el 95% de los demás ha fracasado.

La mayoría de estas gentes competitivas logran el éxito en cierta medida porque su fe les da la energía, el empuje y el optimismo que son necesarios en los negocios competitivos. La confianza nacida de su creencia hace que la mayoría de sus acciones sean exitosas. Son competidores excepcionalmente hábiles y atribuyen su éxito a su poder de pensamiento y a sus afirmaciones, cuando en realidad todo es pura competencia. Este punto de vista tiene sólo en cuenta el reino del César, sin tener ni idea del mundo de Dios. Los resultados finales muestran siempre que esas personas forman parte del reino del César. Sus fortunas fluctúan. A veces tienen que afrontar grandes pérdidas y sus negocios sufren crisis de pánico. Su prosperidad es mermada por periodos de adversidad. Su sentido de seguridad es meramente autoconfianza. Pero muy profundo en su subconsciente llevan siempre la semilla del miedo.

Nadie que crea en que el suministro está limitado puede verse totalmente libre del miedo, pues si no hay suficiente para todos, alguna vez nos tocará quedarnos sin nada. Los fracasos de estas personas tienen que ver directamente con la idea de ese suministro limitado, con la idea de que el éxito y el logro de la riqueza es sólo posible para un limitado número de personas.

¿Habrá algo de verdad en esta idea de que la competencia es necesaria? Vamos a ver. Las cosas que son esenciales para la vida y para el avance, tanto mental como físico, pueden ser agrupadas en cinco tipos: alimento, vestido, techo, enseñanza y diversión. El suministro para tres de ellas: alimento, vestido y techo, nos lo proporciona la naturaleza. Estas tres, con sus extensiones en el sentido de lujos, decoraciones, objetos de arte y belleza, constituyen lo que llamamos riqueza. ¿Crees que hay limitación en el suministro de estas tres cosas?

Vamos a considerar en primer lugar el suministro de los alimentos. Centrándonos en Estados Unidos, se ha demostrado matemáticamente muchas veces que tan sólo el estado de Texas, es capaz de producir alimentos suficientes para mantener a toda la población del globo.

Eliminando la especulación nociva y con un reparto adecuado y racional, el suministro de alimentos actual es más que suficiente para alimentar a la población mundial. Cuando oramos al Padre diciendo: "El pan nuestro de cada día dánosle hoy", no debemos olvidar dar las gracias, pues Él ya ha respondido a nuestra petición, dado que el mundo puede suministrar muchos más alimentos de los necesarios. Todavía los terrenos cultivados son mínimos en comparación con las grandes extensiones mal aprovechadas. No hay, por lo tanto, ninguna necesidad de competir unos con otros para obtener el alimento nuestro para cada día.

En lo que se refiere a la segunda necesidad esencial, el vestido, vemos que la situación es semejante. Tan sólo Estados Unidos, tiene capacidad productiva suficiente como para producir telas para vestir adecuadamente a toda la población mundial. El suministro de fibras de todo tipo podemos decir que es casi ilimitado. No hay necesidad de competir unos con otros por un trozo de tela o de piel para cubrirnos de las inclemencias del tiempo.

Referente al techo, la situación es también la misma. La existencia en nuestro planeta de las materias primas que se utilizan para formar los materiales de construcción es prácticamente ilimitada. No hay necesidad de que nos peleemos unos con otros por existir un número limitado de cuevas. Y lo mismo ocurre con todo lo que contiene una casa normal. En la actualidad no hay escasez de objetos ni de enseres domésticos. No hay ninguna necesidad de competir con los demás por estas cosas. La industria moderna ha solucionado con creces el problema de la producción.

Con esta abundancia en el Todo, no tenemos por qué competir por las partes. No deberíamos angustiarnos por el día de mañana, ni experimentar pánico o depresión. Lo que debemos hacer es buscar el reino de Dios, y todo lo demás nos será dado por añadidura. Pero, ¿qué es el reino de Dios?

La levadura

En la naturaleza, el reino de Dios es como la levadura en los alimentos. Y aquí me refiero a toda la naturaleza, pues Dios es la causa de la naturaleza. Cuando la naturaleza es perfectamente natural, el reino de Dios está en ella en su totalidad. Si Dios es la Mente de la naturaleza, es lógico pensar que no habrá expresión más clara de Dios que la que hallamos en la naturaleza. El reino de Dios abarca toda vida, pues Dios es la vida misma; y cuando la vida es vivida de una forma perfectamente natural, estamos ante el reino de Dios en su totalidad, pues no puede haber expresión más perfecta de Dios que la de vivir la vida de un modo natural. Y esto nos lleva a preguntarnos: ¿cómo se vive la vida de un modo natural?

Vivir la vida es avanzar continuamente hacia más vida. Deja caer una semilla en el centro de un campo y verás como la vida de esa semilla se activa, cesa de simplemente existir y comienza a vivir. Pronto genera una planta y una espiga en la que hay treinta, sesenta o cien semillas, cada una de ellas conteniendo tanta vida como había en la semilla inicial. Todas estas semillas al caer a la tierra comienzan a vivir de nuevo, y en su momento puede llegar a haber más de un millón de semillas en el campo, cada una de ellas conteniendo tanta vida como había en la semilla inicial. La vida de la primera semilla, por el simple hecho de vivir, se ha incrementado un millón de veces. Vivir la vida consiste en incrementarla continuamente. No hay otra forma de vivir.

Esta necesidad que tiene la vida de incrementarse es la causa de lo que conocemos como evolución. En el mundo mineral no existe la evolución. Los minerales no avanzan ni progresan. El plomo no se convierte en estaño, ni el estaño en acero, ni el acero en plata, ni la plata en oro, y así sucesivamente. Hallamos la evolución sólo en las formas orgánicas de vida, y es causada por la necesidad natural que tiene la vida de expresarse cada vez con mayor perfección. La vida en esta tierra comenzó con una simple célula. Pero esta célula inicial no era una expresión suficiente, así pronto se formó un organismo bicelular; luego surgieron organismos multicelulares; más tarde vertebrados; después mamíferos, y finalmente apareció el hombre.

Todo esto debido a la inherente necesidad que tiene la vida de avanzar cada vez más hacia su expresión más completa.

La evolución no se detuvo al formarse el hombre. Tal vez cesó la evolución física, pero se inició la evolución mental y espiritual. Desde el principio el hombre no ha cesado de desarrollar su capacidad de vida. Cada generación es más capaz de vivir que la anterior. Es una carrera que avanza continuamente hacia una vida mayor. La acción de la consciencia expande continuamente a esa misma consciencia. La necesidad primordial de la mente es saber más, sentir más y disfrutar más; y esta necesidad de la mente es la causa de la evolución social y de todo el progreso. Si consideramos que la vida consciente es la expresión más elevada de Dios –en este plano-, o de la Mente, o de la naturaleza, entonces el propósito de todas las cosas debe ser potenciar el desarrollo del hombre. Y si el desarrollo del hombre consiste en un incremento de su capacidad para la vida, entonces el propósito de todas las cosas en la naturaleza debe ser el continuo avance del hombre hacia una vida cada vez más rica.

La vida se expresa mediante el uso de cosas. La medida de la vida de un ser humano no es la cantidad de cosas que posee, sino la cantidad de cosas que es capaz de usar correctamente; y vivir una vida plena es tener todo aquello que uno es capaz de usar adecuadamente. Siendo que el propósito de la mente de la naturaleza es el avance continuo del hombre hacia cada vez más vida, debe también ser la intención de esa mente que cada hombre pueda utilizar sin restricción todas aquellas cosas que es capaz de utilizar y disfrutar de un modo correcto. El propósito de Dios es que todos tengan vida y cada vez con mayor abundancia. Dios es la Mente de la naturaleza, y Dios está en todo y en todos, por ello la mente o la inteligencia de Dios está en todo y en todos, al igual que la levadura está en el pan.

El deseo de avanzar es un hecho fundamental en la actuación de la mente, por ello ese deseo de avance está en todo y en todos. Todas las cosas desean que el hombre avance. Si el ser humano desea un bien que le hará vivir su vida más plenamente, ese bien, lo desea también. Cuando el hombre desea avanzar, la mente de las cosas responde a la mente del hombre. Todas las cosas trabajan en conjunto para favorecer a aquellos que tan sólo desean el avance. Lo verdaderamente importante es que existe una Mente en la naturaleza que desea que tengamos todas aquellas cosas que seamos capaces de usar debidamente y que queramos usar, cosas que nos sirvan para lograr una vida más completa, y que esa Mente está también en las propias cosas, y las atrae hacia nosotros; si actuamos correctamente, reconociendo esta Mente y trabajando con ella, todas las cosas que necesitemos vendrán a nosotros. Pero esa Mente es la Mente del Todo, no una parte. Por lo que si perdemos de vista al Todo y entramos en competencia con nuestros semejantes peleando por una parte, lo perdemos todo.

Competir por una parte es negar y rechazar virtualmente al Todo. Aquel que reconoce y acepta a la totalidad, no puede competir por una parte. Lo que nos impide ver y aceptar la Abundancia que poseemos, es la idea de competir y de luchar por una limitada porción del suministro. Seguimos luchando tontamente por el reino del César, porque no somos capaces de ver el reino de Dios, el cual está a nuestro alrededor y también dentro de nosotros. Ahora bien, ¿cómo podemos evitar la competencia cuando la totalidad del mundo de los negocios está compitiendo por una parte limitada del suministro existente?

¿Cómo podemos obtener un trabajo sin entrar en competencia con los demás candidatos? ¿Es posible tener éxito en un mundo competitivo sin competir con los demás? ¿Debemos retirarnos del mundo y formar sociedades comunistas? Claro que no. Intentar esto es fracasar.

Una comunidad comunista es un grupo de gente que no compiten unos con otros, pero compiten con todas las demás comunidades.

Ninguna comunidad puede ser completa en sí misma sin limitar en gran medida a sus miembros en cuanto a los medios de vida, y hacer esto es fracasar en su finalidad. Y si no tiene todo en sí misma y para satisfacer sus necesidades debe competir con el mundo externo para lograr aquello que le falta, resulta que eso es precisamente lo que se quería evitar. Separar una parte del Todo, de la manera que sea, nunca solucionará el problema. El esquema comunista es incómodo, antinatural e impracticable.

¿Deberíamos establecer el socialismo en una comunidad cooperativa? No podemos, pues el socialismo y la comunidad cooperativa son asuntos del Todo, y tan sólo pueden ser establecidos por el Todo. En realidad, este tipo de comunidad cooperativa nunca puede ser establecida, sino que debe surgir por sí misma, y ello puede implicar un largo periodo de tiempo. Mientras la mayoría de seres humanos crean que el suministro de bienes es limitado, no se podrá crear este tipo de comunidad, ni compitiendo unos con otros, ni por una decisión legislativa. Por ello, lo que debemos hacer es seguir por ahora con nuestros negocios en el sistema actual, y por supuesto, dejar de competir. ¿Es ello posible? Sí, lo es. ¿Pero cómo?

La abundancia

Dios, que es la Mente de la naturaleza, ha producido la Abundancia de la naturaleza con la finalidad de proveer para el desarrollo del ser humano; no de algunos seres humanos, sino de la totalidad. El propósito de la naturaleza es el continuo avance de la vida y dado que el hombre es la encarnación de Dios en el más elevado nivel de vida en este planeta, el propósito de la naturaleza debe ser el continuo avance de los seres humanos hacia una vida cada vez más abundante. Lo que busca el avance de todos los seres humanos, no puede ir en contra de ninguno de ellos; por lo tanto, ser uno con la Mente de la naturaleza es buscar el avance de todos sin perjudicar a ninguno. Buscar obtener para todos lo que uno desea para sí mismo. Esto nos saca totalmente del pensamiento competitivo.

"Lo que quiero para mí mismo, lo quiero para todos". Esta frase es la declaración de independencia dirigida al sistema competitivo. "Padre nuestro... danos", esta es la oración del avance de la vida. Esta oración resuena al unísono con la Mente de la naturaleza. La persona que afirma esto y que ora de este modo, mentalmente es una con todo ser vivo, con Dios, con la naturaleza y con el ser humano. Ser mentalmente uno con la Mente de las cosas te hace capaz de registrar tus pensamientos en esa mente, al igual que tus deseos. Cuando deseas algo, si tu mente y la Mente de las cosas es una, esa cosa te desea a ti también, y comenzará a moverse hacia ti. Si deseas dinero, y tu mente es una con la Mente que impregna al dinero y a todo lo demás, ese dinero se verá impregnado del deseo de venir hacia ti y comenzará a moverse en ese sentido, impulsado por el eterno poder que busca una vida más abundante. Para lograr lo que quieres sólo necesitas establecer tu propia sintonía con la Mente de las cosas y ellas comenzarán a ser atraídas hacia ti.

Pero el principal propósito de la Mente de las cosas es el avance continuo del TODO hacia una vida más abundante, por lo tanto nada le será arrebatado a ningún hombre o mujer para dársete a ti, salvo que tú des a esas personas mucho más de lo que tomas de ellas. Veremos claramente que la Mente Divina no puede tomar acción en el campo de los asuntos puramente competitivos. Dios no puede dividirse contra sí mismo. No puede ser obligado a quitarle a uno para dárselo a otro. Nunca reducirá las oportunidades de una persona para avanzar en la vida a fin de incrementar las de otra. Él no tiene favoritos. Es justo con todos y está al servicio de todos.

Para lograr la sintonía es necesario que en tu negocio, todos aquellos que tratan contigo reciban vida equivalente o mayor que el dinero o los bienes que ellos te están dando. Digo vida, lo cual no significa necesariamente un valor monetario. Esto es lo que muchos críticos de este sistema no entienden: una cosa de pequeño valor para una persona determinada puede poseer un valor inestimable para otra que sea capaz de utilizarla en el avance de su vida. El valor de un objeto para una persona viene determinado por el plano de la vida en el cual se halla dicha persona. Lo que en un plano carece de valor, en otro punto de desarrollo puede ser indispensable. El poder dador de vida de un artículo puede no tener ninguna correspondencia con su valor monetario. El papel y la tinta de un libro pueden tener un costo despreciable, sin embargo una simple frase de las contenidas en su interior quizás tengan para otra persona un valor enorme. Puedes vender un artículo por más de lo que te costó, teniendo así un margen de beneficios, pero el comprador debe utilizarlo de forma que le reporte cien veces lo que pagó por él. En este caso tu beneficio no implica robo. Preocúpate porque tu negocio cumpla este requisito fundamental. Este es el primer paso.

Al hacer esto eres uno con la Inteligencia de la naturaleza, la cual trabaja para que cada vez todos tengamos más vida. La finalidad de tu trabajo debe ser más vida para todos y más abundancia para todos. Lo que buscas para ti mismo, búscalo para los demás y el principio mental existente en lo que tú necesites comenzará a gravitar hacia ti. Si lo que necesitas son dólares, la Mente de las cosas que está en los dólares será consciente de tu necesidad y podrás afirmar con verdad: "Los dólares me quieren". Esos dólares comenzarán a moverse hacia ti e invariablemente te llegarán a través de aquellos que necesitan lo que tú puedas darles a cambio. La Mente Divina se ocupará de transferir lo que sea necesario al lugar en el que haya necesidad. Esto no sólo se aplica a aquello que necesitas para mantener funcionando tu negocio, sino también a todo lo que puedes usar para lograr una vida personal más completa. Nada bueno te será negado. Tu unión con el Poder Evolutivo, con el Propósito de la naturaleza, será tal que recibirás todo lo que la naturaleza tenga para darte. Al hacer siempre la voluntad de Dios, todas las cosas serán tuyas, y no necesitarás competir con nadie.

Pero debes tener en cuenta que tus requerimientos se imprimen en la Mente Divina a través de tu fe. La duda corta la conexión. La ansiedad y el miedo cortan la conexión. Al imprimir algo en tu mente subconsciente, lo imprimes también en la Mente de las cosas. Tus afirmaciones estarán vacías, salvo que contengan el poder dinámico de una fe absoluta. La Mente de las cosas no actuará positivamente si detecta dudas o vacilación. "Cualquier cosa que pidáis en oración, creed que la recibiréis". No es posible caminar y trabajar junto a Dios y al mismo tiempo no confiar en Él. Si sientes desconfianza estás imprimiendo esa desconfianza en la Mente de las cosas, y las cosas huirán en lugar de venir hacia ti.

Los requisitos para lograr el éxito sin competir son muy sencillos. Antes que nada, desea para todos lo que estás deseando para ti mismo y asegúrate de no tomar nada de nadie sin darle otra cosa al menos equivalente en cuanto a su contenido en vida, y cuanto más des, mejor para ti.

Después continúa con una fe absoluta de que todo cuanto necesitas para tu vida, te llegará. Ora al Padre con una fe total y dale las gracias tras cada oración. Todo lo bueno que te llegue a ti, implicará también más vida para otros. Todo beneficio que tú recibas incrementará la riqueza de otros. Lo que obtienes para ti mismo, beneficia también a otros. Tu éxito incrementa la vida, la salud, la riqueza y la felicidad de todos.

Alguien podría decir: "¿En qué se diferencia esto de la competencia? ¿Acaso no sigues compitiendo con los demás negocios semejantes al tuyo?". ¡No! Tus beneficios no proceden del suministro limitado por el cual los demás se están peleando, sino del Todo.

Un ejemplo: imagínate que en el país no hay suficiente dinero para cubrir las necesidades de todos. Imagínate además que de momento un número considerable de personas acepta esta Forma de Vida y de Pensamiento que estoy exponiendo y que a causa de ello los dólares existentes comienzan a desplazarse hacia estas personas. Sin duda pronto habrá una escasez de dinero aún mayor para todos los demás. Esto es cierto, pero la idea impresa en la Mente de las cosas hará que ésta reaccione buscando la solución. Tal vez se dicten nuevas leyes regulando la economía las cuales equilibren fácilmente la situación. O tal vez una bonanza económica procedente de un campo todavía insospechado aparezca de pronto. De lo que sí podemos estar seguros es de que la Mente del Todo reaccionará para lograr mejor y mayor Vida para todos los implicados.

Y esto será visible en todos los campos, surgirán nuevas explotaciones agrícolas o industriales o comerciales, que generarán el trabajo y la riqueza necesarios para el Avance de la vida.

La vida nunca puede mejorarse cambiando sistemas, sino al contrario: los sistemas son cambiados por el avance de la vida. Hay mucho trabajo que hacer en la creación de cosas bellas y necesarias, pero tiene que haber demanda de esas cosas por parte de aquellos cuyo propósito es utilizarlas para mejorar su vida y la de los demás. A medida que el número de estas personas se incremente, aumentará también la prosperidad de todos, y algún día, todas las clases sociales paulatinamente irán aceptando la Verdad, irán abandonando la competencia y la idea de que el suministro de bienes es limitado. Entonces comenzará el Reino en la tierra, al igual que ya es en los cielos.

Índice

617 2171652